NOÉMIE TAGAN   ELYN

DAS KLEINE BUCH GEGEN GROSSE LANGEWEILE

52 VERRÜCKTE SPIELIDEEN FÜR DRINNEN UND DRAUSSEN

INHALT

EINFÜHRUNG

Die Einordnung von Spielen ist ein gefährliches Unterfangen: nach Ort, Alter, Anzahl der Spieler ... Es gibt genauso viele Kategorisierungsmöglichkeiten wie Situationen. In diesem Buch sind die Spiele in erster Linie nach dem Ort eingeteilt: drinnen, draußen, unterwegs und allein. Für jede Situation findet ihr in diesem Buch ein passendes Spiel.

Ihr müsst jedoch wissen: Mit dieser Einteilung soll euch die Wahl des Spiels erleichtert werden. Die Kategorien sind aber nicht in Stein gemeißelt: Ein Indoorspiel kann genauso gut draußen oder ein Spiel für unterwegs in der warmen Stube gespielt werden. Eurer Fantasie sind keine Grenzen gesetzt!

Auf jeder Doppelseite wird ein Spiel vorgestellt. Auf der linken Seite findet ihr jeweils die Spielvorbereitung und alle notwendigen Informationen, die euch bei der Auswahl des Spiels helfen sollen (Kategorie, Anzahl der Spieler, Material etc.). Auf der rechten Seite erklärt eine Comiczeichnung den Spielverlauf. Mehr ist es nicht. Bereit? Auf die Plätze, fertig, los ... Viel Spaß beim Spielen!

In diesem Buch findet ihr 52 Spiele nach Kategorien geordnet.

Draußen

Ob im Grünen, in eurer Nachbarschaft oder im Wasser... überall gibt es ein passendes Outdoorspiel für euch!

Drinnen

Ein regnerischer Nachmittag? Kein Problem! Auch in euren vier Wänden lassen sich viele schöne Spiele spielen.

Unterwegs

Eine Fahrt mit dem Zug, Auto oder ein Flug kann schnell langweilig werden ... aber damit ist jetzt Schluss!

Allein

Ihr seid allein? Das ist keine Ausrede, sich vor dem Spielen zu drücken – ob drinnen oder draußen.

LINKE SEITE

TITEL

EIN KÜSSCHEN AUF REISEN

ANZAHL DER SPIELER

AB 4 SPIELER (GERADE ANZAHL)

LEERE BLÄTTER

1 SCHERE

FARBSTIFTE

MATERIAL

MITEINANDER, GEGENEINANDER ODER IM TEAM

IM TEAM

ZIEL
Möglichst viele Küsse bekommen und der meist verehrte Star werden.

GEFÖRDERTE KOMPETENZEN

REAKTIONS-FÄHIGKEIT

VORBEREITUNG
Bildet Teams mit jeweils 2 Spielern. Bastelt die Küsschen: Zeichnet und schneidet 10 kleine Papierherzen pro Team aus. Die Teams verteilen die Rollen: Ein Spieler ist der Star und der andere sein Fan. Die Spieler stellen sich gegenüber hin und die Fans nehmen die Herzen in die Hand: Das Spiel kann beginnen.

FEIER

ZIEL:
Euer Ziel, das ihr erreichen müsst, um das Spiel zu gewinnen – allein oder im Team.

SCHLAGWORT:
Action, Ruhe, Familie oder perfekt für eine Party! Welcher Anlass eignet sich für ein bestimmtes Spiel am besten?

48 DRINNEN

VORBEREITUNG:
Alle notwendigen Informationen, um das Spielmaterial vorzubereiten.

KATEGORIEN:
drinnen, draußen, unterwegs, allein.

RECHTE SEITE

COMICZEICHNUNG:
Spielverlauf

DRAUSSEN

VOLLGAS!

AB 4 SPIELER (GERADE ANZAHL)

BECHER

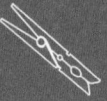

WÄSCHE-KLAMMERN

KIESELSTEINE

SCHNUR

IM TEAM

AUFMERKSAMKEIT

BEWEGUNG

ZIEL

Als erstes Team das Rennen gewinnen, wobei der Kieselstein im Becher bleiben muss.

VORBEREITUNG

Bildet 2 Teams mit gleich vielen Spielern. Grenzt das Spielfeld mit der Schnur ein. Der Abstand zwischen der Start- und Ziellinie sollte 7 m betragen. Legt genauso viele Hindernisse auf das Feld, wie es Teams gibt. Jedes Team muss ein Hindernis überwinden. Jeder Spieler nimmt einen Becher, eine Wäscheklammer und einen Kieselstein. Befestigt den Becher mit einer Wäscheklammer an eurer Hüfte. Legt dann einen Kieselstein hinein. Es kann losgehen! Ein Spieler jedes Teams stellt sich an der Startlinie auf.

Los geht's: Ein Spieler aus jedem Team beginnt! Ihr müsst möglichst schnell zur Ziellinie rennen.

Achtung: Fällt euer Kieselstein heraus, müsst ihr stehen bleiben und ihn wieder in euren Becher legen. Erst dann dürft ihr weiterlaufen.

Lauft danach zur Startlinie zurück. Anschließend läuft der nächste Spieler eures Teams los usw.

Das schnellste Team gewinnt.

BLÄTTERFEUER

4 SPIELER

BIEGSAME BLÄTTER (LÖWENZAHN, KLEE ...)

2 GLEICH GROSSE SCHÜSSELN

4 BECHER

IM TEAM

2 GARTENSTÜHLE

SCHNUR

WASSER

TEAMGEIST

FEIER

ZIEL

Seinen mit »brennenden« Blättern bedeckten Stuhl als Erster retten.

VORBEREITUNG

Bildet 2 Teams mit 2 Spielern. Stellt die Stühle auf und klebt 10 Blätter auf jeden Stuhl: Dafür macht ihr die Blätter nass (dadurch bleiben sie wie von Zauberhand kleben) und drückt sie auf die Stühle. Legt eine Schnur 1,5 m vor den Stühlen auf den Boden. Die 2 mit Wasser gefüllten Schüsseln stellt ihr 2,5 m von der Schnur entfernt auf den Boden. Jedes Team stellt sich neben seine Schüssel. Alle Teilnehmer nehmen einen Becher in die Hand.

Hilfe! Eure Stühle sind von brennenden
Blättern bedeckt! Ihr müsst sie retten!

Lauft zur Schüssel und füllt eure Becher mit Wasser. Schüttet das Wasser dann auf die Stühle
und versucht dabei, die Stühle von den brennenden Blättern zu retten.
Ihr dürft dabei jedoch nicht die Schnur übertreten.

Das Team, das als Erstes alle Blätter von seinem Stuhl wegspült, gewinnt.
Sind noch Blätter auf den Stühlen und alle Schüsseln sind schon leer,
dann gewinnt das Team mit den am wenigsten übrig gebliebenen Blättern.

BECHERREISE

AB 6 SPIELER (GERADE ANZAHL)

LUFTBALLONS

SCHNUR

BECHER

IM TEAM

SCHNELLIGKEIT

BEWEGUNG

ZIEL

Den Becher mit einem aufgeblasenen Luftballon zum Ziel bringen.

VORBEREITUNG

Bildet 2 Teams. Jeder Spieler nimmt einen Luftballon und jedes Team einen Becher. Für jedes Team bildet ihr mit der Schnur einen Kreis: Das wird euer Ziel. Die Teammitglieder stellen sich an diesem Kreis hintereinander auf: Zwischen jedem Spieler müssen etwa 2 m Abstand sein. Der Becher steht vor dem Spieler auf dem Boden, der am weitesten vom Ziel entfernt ist.

Los geht's: Ihr müsst den Becher
möglichst schnell zum Ziel bringen.

Ein Spieler aus jedem Team beginnt:
Um den Becher aufzuheben und ihn an
euren Mitspieler weiterzugeben,
braucht ihr ... euren Mund!

Legt den Luftballon in den
Becher und blast ihn so weit
auf, bis ihr damit den Becher
hochheben könnt.

Dann bringt ihr
den Becher zu
eurem nächsten
Teammitglied.

Das macht ihr so lange, bis
das letzte Teammitglied das
Ziel erreicht hat.

Das erste Team, das den Becher
ins Ziel stellt, gewinnt!

BLÄTTERFADEN

AB 2 SPIELER

FADEN

LAUBBLÄTTER (15 PRO SPIELER)

WETTKAMPF

NATUR-VERBUNDENHEIT

FAMILIE

ZIEL

Möglichst schnell den Faden von den Blättern befreien.

VORBEREITUNG

Zuerst bastelt jeder Spieler seine Blätterkette: Dafür nehmt ihr einen 70 cm langen Faden, stecht jeweils ein Loch in die Mitte der 15 Laubblätter und fädelt sie auf den Faden auf. Haltet die beiden Enden eurer Blätterkette gut fest.

Los geht's: Ihr müsst die Blätter zerstören,
um den Faden zu befreien.

Streckt hierfür die Arme mit einer schnellen, kräftigen Bewegung auseinander, damit der Faden auf
Spannung ist. Dann lockert ihr den Faden etwas und spannt ihn danach wieder. Wiederholt diese
Bewegungen, bis die Blätter in Stücke reißen.

Der Spieler, der als Erster seinen Faden
von allen Blättern befreit hat, gewinnt.

Gewonnen!

DIE VERBOTENE JACKE

**AB 4 SPIELER
(GERADE ANZAHL)**

**1 JACKE
PRO SPIELER**

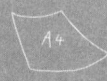

**LEERE
BLÄTTER**

STIFTE

SCHNUR

IM TEAM

SCHNELLIGKEIT

FEIER

ZIEL

Als erstes Team seine Banküberweisung erledigen, ohne verhaftet zu werden.

VORBEREITUNG

Bildet zunächst Teams: In jedem Team müssen gleich viele Spieler sein und jedes Team muss eine gerade Anzahl an Spielern haben (Bsp. 3 Teams mit jeweils 2 Spielern). Jeder von euch zieht eine Jacke an. Dann bereitet ihr das Spielfeld vor: An der Ziellinie stellt ihr einen Tisch auf. Pro Team legt ihr ein Blatt und einen Stift darauf. Dieser Tisch ist eure Bank. Legt ungefähr 10 m davor eine Schnur auf den Boden: Das ist eure Startlinie. Die Teammitglieder stellen sich der Reihe nach vor dieser auf.

Ihr müsst so schnell wie möglich zur Bank laufen und eine Überweisung erledigen. Aber Achtung: In der Bank ist es verboten, eine Jacke zu tragen! Ihr müsst also tricksen und als Kopfbedeckung tarnen: Sobald der Startschuss fällt, bindet ihr eure Jacke auf dem Kopf zu einem Turban zusammen. Hält er, dürft ihr die Bank betreten!

Lauft zum Tisch, unterschreibt den Überweisungszettel und lauft zurück. Wird eure Jacke auf dem Weg zur Bank locker und fällt herunter, müsst ihr für 5 Sekunden ins Gefängnis, d. h. ihr dürft euch 5 Sekunden lang nicht bewegen. Danach dürft ihr weiterlaufen.

Habt ihr die Ziellinie erreicht, dürft ihr eure Jacke wieder anziehen. Das erste Team, das alle Überweisungen erledigt hat, gewinnt.

AUF DEN FERSEN

**AB 4 SPIELER
(GERADE ANZAHL)**

**1 PAAR FLIP-FLOPS
(ODER PANTOLETTEN)
PRO TEAM**

SCHNUR

IM TEAM

AUFMERKSAMKEIT

ACTION

ZIEL

Möglichst schnell die Ziellinie erreichen.

VORBEREITUNG

Bildet Teams mit jeweils 2 Spielern. Legt mit der Schnur die Start- sowie die Ziellinie fest: Das Spielfeld sollte etwa 7 m lang sein. Jedes Team nimmt ein Paar Flip-Flops und stellt sich an der Startlinie auf: Die beiden Spieler eines Teams stehen hintereinander. Der vordere Spieler zieht die Flip-Flops an.

Los geht's! Der hintere Spieler schießt mit seinem Fuß einen Flip-Flop vor seinen Mitspieler. Dieser muss ihn mit seinem Fuß erreichen.

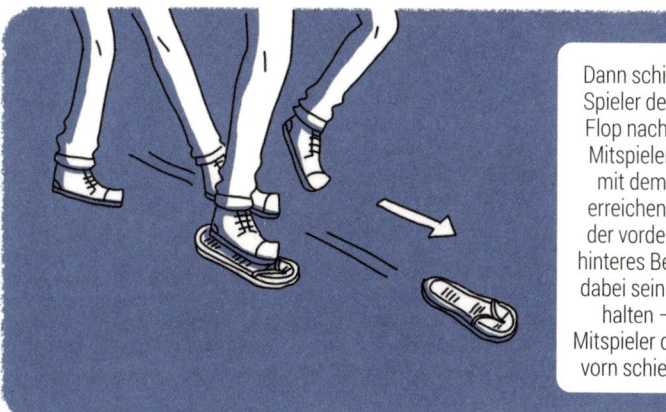

Dann schießt der hintere Spieler den zweiten Flip-Flop nach vorn und sein Mitspieler muss diesen mit dem zweiten Fuß erreichen. Danach hebt der vordere Spieler sein hinteres Bein – und muss dabei sein Gleichgewicht halten –, damit sein Mitspieler den Schuh nach vorn schießen kann usw.

Das Team, das als Erstes die Ziellinie erreicht, gewinnt.

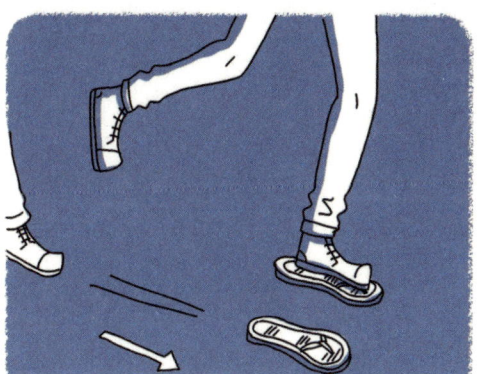

Gewonnen!

Achtung: Schießt ihr einen Flip-Flop zu weit nach vorn, werdet ihr ihn vielleicht nicht erreichen: Berührt ihr mit dem Fuß den Boden, müsst ihr zurück zum Start und noch einmal beginnen!

SCHNEEBESENSCHLACHT

2 SPIELER

2 SCHNEEBESEN

1 KLEINER TANNENZAPFEN

WETTKAMPF

GESCHICKLICHKEIT

WASSER

ZIEL

Den Tannenzapfen mit einem Schneebesen fangen.

VORBEREITUNG

Jeder nimmt einen Schneebesen (diese müssen gleich groß sein) und einen kleinen Tannenzapfen. Der Tannenzapfen muss klein genug sein, damit er durch den Schneebesen passt. Stellt euch etwa 1,5 m voneinander entfernt auf.

TELLERLAUF

**AB
2 SPIELER**

**1 EINWEGTELLER
PRO SPIELER**

SCHNUR

WETTKAMPF

AUSDAUER

BEWEGUNG

ZIEL

Als Erster die Ziellinie erreichen.

VORBEREITUNG

Jeder Spieler bereitet seinen Teller vor. Teilt
diesen in 7 Felder ein: Auf jedes Feld malt ihr
eines der unten stehenden Zeichen. Dabei
darf jedes Zeichen nur einmal vorkommen.
➡ Grüner Pfeil = Geht 2 Schritte vor.
➡ Roter Pfeil = Geht 2 Schritte zurück.
◎ Reifen = Ihr müsst einmal aussetzen.
♨ Bombe = Werft einen Bombe auf einen Spieler vor
euch: Dieser muss 1 Schritt zurückgehen.
♨ Feuer = Geht zum Ausgangsfeld zurück.
🌀 Luftwirbel = Geht 4 Schritte vor.
🚗 Auto = Geht zum Spieler, der
am weitesten vorn steht.
Danach grenzt ihr das Spielfeld ein: Es sollte etwa
7 m lang sein. Mit der Schnur legt ihr die Start- und
Ziellinie fest. Jeder Spieler stellt sich dann mit
seinem Teller in der Hand an der Startlinie auf.

Euer Teller ist eine Art Kompass, der euch sagt, wo die Reise des Spiels hingeht.

Werft ihn in die Luft und fangt ihn mit einer Hand wieder.

Euer Daumen oder Zeigefinger zeigt die Handlung für jeden einzelnen Spielzug an (je nachdem, auf welcher Seite die Zeichen sind).

Der erste Spieler, der die Ziellinie erreicht, gewinnt!

DIE TODESFRUCHT

 **2 SPIELER**

 **2 TRINKFLASCHEN**

 2 BECHER

 **TESA**

 **WETTKAMPF**

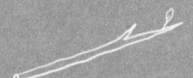 **2 STÖCKE CA. 60 CM LANG**

 SCHNUR

 **GESCHICKLICHKEIT**

ZIEL

Als Erster einen vollen Becher haben.

 **IM DUO**

VORBEREITUNG

Bereitet zunächst die beiden Flaschen vor: Nehmt die Verschlusskappe ab und bindet die Schnur um den Flaschenhals. Füllt die Flaschen mit Wasser und hängt sie dann in 1,5 m Höhe mit etwas Abstand voneinander an einen Ast. Jeder Spieler stellt sich vor eine Flasche, mit einem Stock und Becher in der Hand: Das Spiel kann beginnen.

Die Flaschen sind erlesene Früchte, deren Saft auf den Boden tropft ... ihre Haut ist jedoch extrem giftig! Wenn ihr sie mit euren Händen berührt, vergiftet ihr euch!

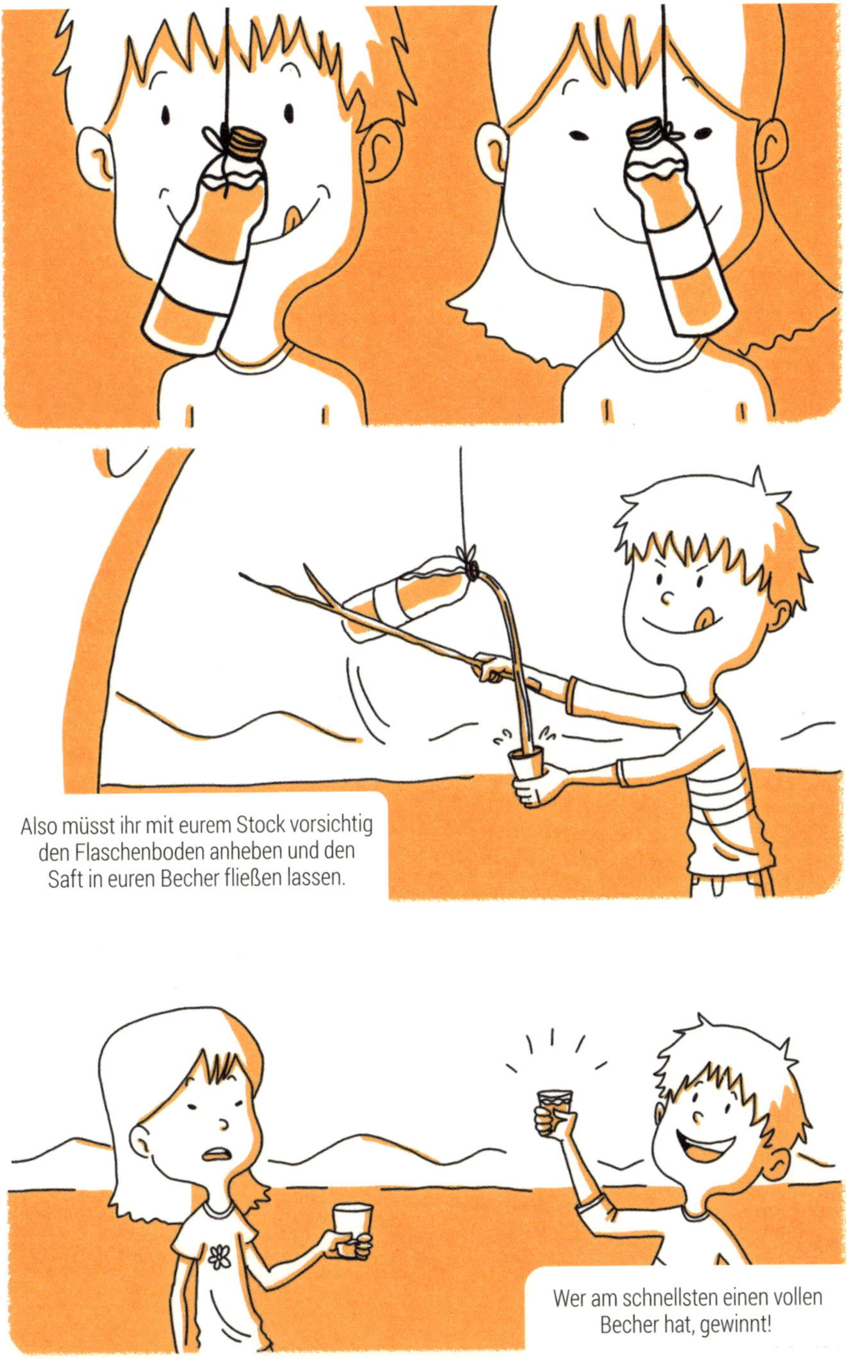

Also müsst ihr mit eurem Stock vorsichtig den Flaschenboden anheben und den Saft in euren Becher fließen lassen.

Wer am schnellsten einen vollen Becher hat, gewinnt!

DIE REISE DES TESA

2 SPIELER

1 ROLLE TESA

1 STOPPUHR

GEMEINSCHAFT

SCHNELLIGKEIT

IM DUO

ZIEL

Die Rolle Tesa möglichst schnell von einem Arm zum anderen entlang der Mauer rollen lassen.

VORBEREITUNG

Der erste Spieler nimmt die Rolle Tesa, stellt sich mit dem Rücken ans Ende einer Mauer und streckt dabei einen Arm an der Mauer entlang aus. Dann legt er die Rolle Tesa auf seinen Arm. Sein Mitspieler stellt sich mit dem Rücken zur Mauer daneben und streckt den anderen Arm aus, sodass sich die beiden ausgestreckten Arme berühren und eine Linie bilden. So kann die Rolle Tesa von einem Arm zum anderen rollen.

Drückt die Stoppuhr. Der erste Spieler senkt seinen Arm leicht nach unten, um die Rolle Tesa ins Rollen zu bringen. Er lässt sie bis zum Arm seines Mitspielers rollen.

Der erste Spieler stellt sich dann links neben seinen Mitspieler und streckt den anderen Arm aus usw. Das macht ihr so lange, bis ihr das andere Mauerende erreicht.

Achtung: Rollt euch die Rolle Tesa davon und fällt auf den Boden, kostet euch das Zeit.

Habt ihr das andere Mauerende erreicht, drückt wieder die Stoppuhr. Danach könnt ihr versuchen euren Rekord zu brechen!

KIESELSTEINWURF

2 BIS 4 SPIELER

1 KIESELSTEIN PRO SPIELER

WETTKAMPF

GENAUIGKEIT

HÖCHSTE KONZENTRATION!

ZIEL

Als Erster oben auf der Treppe ankommen.

VORBEREITUNG

Bei diesem Spiel braucht ihr eine Treppe und einen Kieselstein (nicht zu groß!) pro Spieler. Stellt euch unten an der Treppe auf.

Derjenige Spieler, der an der Reihe ist, schließt die Augen und wirft seinen Kieselstein nach oben. Dabei versucht er die oberste Stufe zu treffen.

Nach dem Wurf hebt er den Kieselstein auf und stellt sich auf die Stufe, auf der der Stein gelandet ist. Jetzt ist der nächste Spieler dran!

Gewonnen!

Der Spieler, der zuerst die oberste Stufe erreicht, gewinnt.

VOLLE BLASE

AB 2 SPIELER

1 WASSERBOMBE PRO SPIELER

WETTKAMPF

MUSKELKRAFT

WASSER

ZIEL
Als Erster seine Blase leeren.

VORBEREITUNG
Jeder Spieler füllt seine Wasserbombe.
Achtet darauf, dass sie alle gleich groß sind.

MANN ÜBER BORD

2 SPIELER

8 BIS 10 KIESELSTEINE

WETTKAMPF

GELASSENHEIT

IM DUO

ZIEL

Die Kieselsteine des Spielgegners herunterstoßen.

VORBEREITUNG

Jeder von euch nimmt eine Hand (ein Tipp: Nehmt die Hand, mit der ihr euch am wohlsten fühlt) und bildet eine Faust. Legt 4 oder 5 Kieselsteine auf euren Handrücken und stellt euch gegenüber voneinander auf.

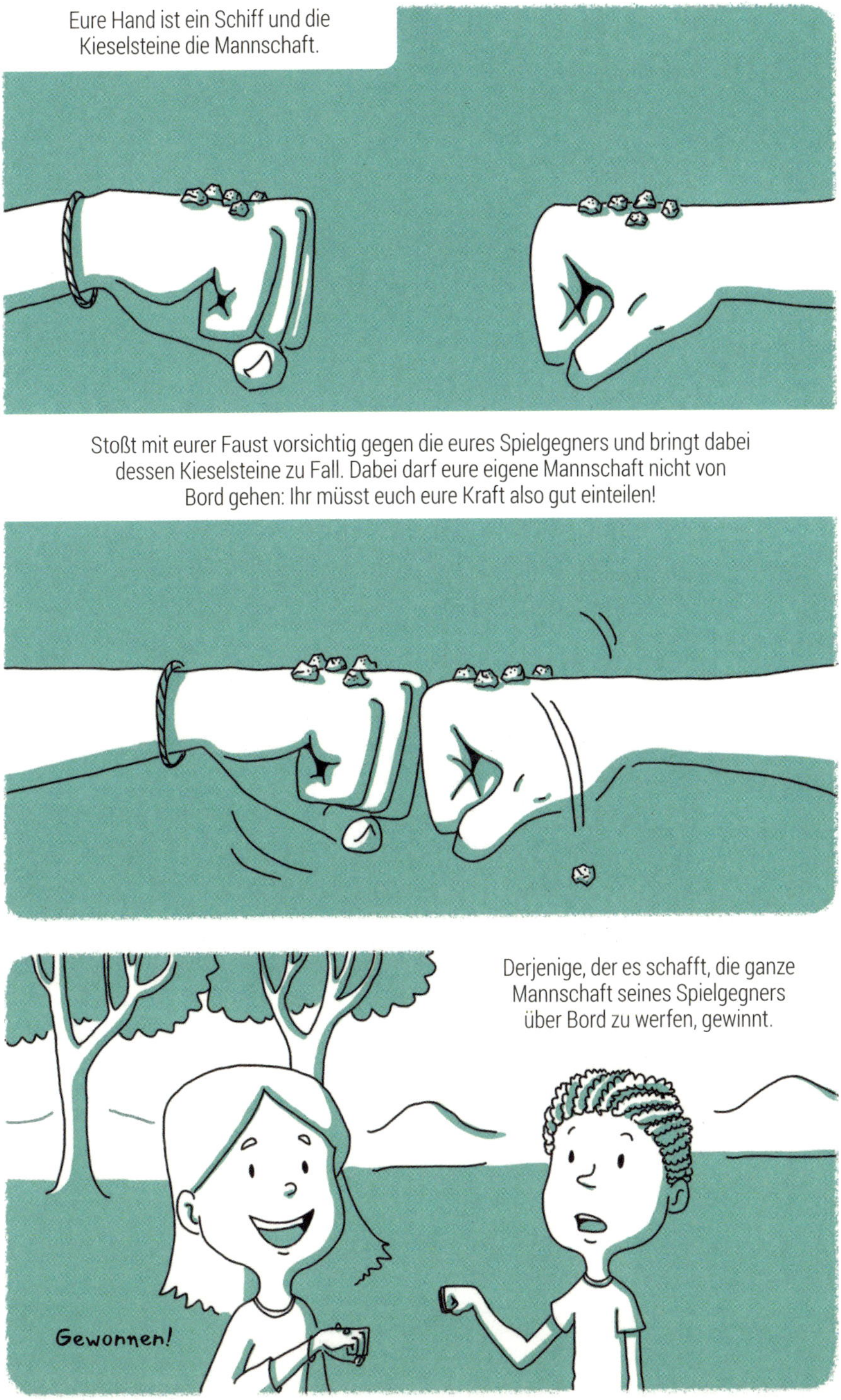

Eure Hand ist ein Schiff und die Kieselsteine die Mannschaft.

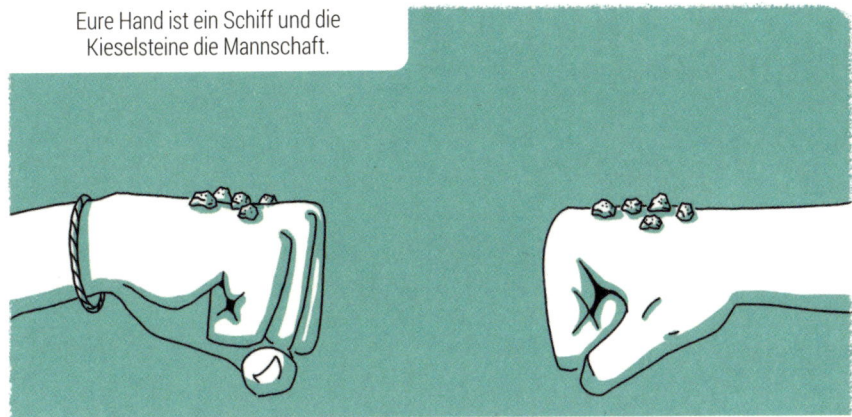

Stoßt mit eurer Faust vorsichtig gegen die eures Spielgegners und bringt dabei dessen Kieselsteine zu Fall. Dabei darf eure eigene Mannschaft nicht von Bord gehen: Ihr müsst euch eure Kraft also gut einteilen!

Derjenige, der es schafft, die ganze Mannschaft seines Spielgegners über Bord zu werfen, gewinnt.

Gewonnen!

DIE NINJAS

3 BIS 5 SPIELER

FOTOAPPARAT UND/ODER SMARTPHONE

WETTKAMPF

VERSCHWIEGEN-HEIT

FEIER

ZIEL

Von jedem Spieler ein Foto schießen, ohne sich selbst dabei zu verraten.

VORBEREITUNG

Schnappt euch eure beste Ninja-Ausrüstung und macht die Umgebung unsicher! Jeder Spieler nimmt einen Fotoapparat oder ein Smartphone. Zusammen grenzt ihr ein für alle Spieler bekanntes Spielfeld ein, legt die Spieldauer und für jeden einen Ausgangspunkt fest. Diese Punkte müssen relativ weit voneinander entfernt liegen. Sucht euch in der Stadt bekannte Stellen aus, zum Beispiel die Postfiliale oder eine Bushaltestelle. Wählt in der Natur Bäume, Bäche, Feldwege usw. Legt Spielbeginn und -ende zeitlich fest. Das Spiel beginnt, wenn alle Spieler an ihrem Platz sind.

Sobald das Spiel beginnt, müsst ihr euch möglichst leise und unauffällig verhalten, um euch nicht zu verraten.

Los geht's.

Ihr müsst eure Spielgegner ausfindig machen und heimlich ein Foto von ihnen machen.

Entdeckt euch der fotografierte Spieler, ergreift die Flucht! Läuft er euch hinterher und erwischt euch, müsst ihr alle Fotos von ihm löschen. Erst dann dürft ihr weiterlaufen.

Wenn die Zeit abgelaufen ist, kommt alle zusammen und vergleicht, wer die meisten Fotos hat. Derjenige Spieler gewinnt. Konntet ihr alle Spieler fotografieren, bevor die Zeit abgelaufen ist, dann ruft die Mitspieler an und trefft euch am vereinbarten Treffpunkt. Damit ist das Spiel vorbei. Euer Sieg ist dann noch glorreicher!

Gewonnen!

DER SCHÖNREDNER

 **2 SPIELER**  **1 GARTEN-STUHL**  **1 SCHÜSSEL MIT WASSER**  **1 KIESELSTEIN**  **1 SCHACHTEL**

 **GEMEINSCHAFT**  **1 STIFT**   **WASSER** 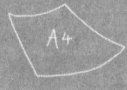 **1 BLATT**  **1 STOPPUHR**

 **KONZENTRATION**

ZIEL

Möglichst schnell einen Satz
seines Mitspielers erraten.

 **IM DUO**

VORBEREITUNG

Stellt einen Stuhl, eine mit Wasser gefüllte
Schüssel, eine leere Schachtel und einen
Kieselstein in der Nähe der Schachtel auf.
Entscheidet, wer sich einen Satz ausdenkt.
Dieser ist dann der Schönredner und
schreibt den Satz auf ein Blatt Papier. Der
andere Spieler muss den Satz erraten.

Der Schönredner liest seinen Satz vor. Aber Achtung: Ein paar Laute sind verboten und müssen pantomimisch dargestellt werden!

Die nachzuahmenden Laute sind:
»ich/mein«: auf sich zeigen
»auf«: auf den Stuhl steigen
»was«: Hand ins Wasser stecken
»im«: Kieselstein in die Schachtel legen
»unter«: unter den Stuhl kriechen
»Boden«: auf den Boden stampfen

Ich hebe alles **auf**, **was** mir **im Unter**richt auf den **Boden** fällt.

Unter …

… im …

Sein Mitspieler muss die nachgeahmten Laute erraten, bevor der Schönredner seinen Satz weitersprechen darf.

auf…

Tauscht die Rollen und drückt die Stoppuhr. Versucht euren Rekord zu brechen!

DER KLETTERZAUN

**AB
2 SPIELER**

**1 PÄCKCHEN
TASCHENTÜCHER
PRO SPIELER**

SCHNUR

WETTKAMPF

GESCHICKLICHKEIT

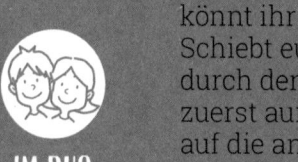

IM DUO

ZIEL

Sein Päckchen Taschentücher möglichst schnell
nach oben wandern lassen.

VORBEREITUNG

Bei diesem Spiel braucht ihr einen mindestens
1 m hohen Drahtzaun. Wenn der Zaun höher ist,
könnt ihr die Ziellinie mit einer Schnur abgrenzen.
Schiebt euer Päckchen Taschentücher am Boden
durch den Drahtzaun hindurch. Ihr könnt es auch
zuerst auf die eine Seite des Zauns legen und dann
auf die andere Seite gehen. Jeder kniet sich vor
sein Päckchen Taschentücher auf den Boden.

Los geht's! Schiebt euer Päckchen Taschentücher durch den Zaun hindurch und lasst es nach oben wandern.

Der Erste, der die Ziellinie erreicht, hat gewonnen!

DAS GLOCKENSPIEL

2 SPIELER

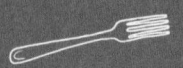

6 GABELN

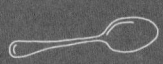

2 ESSLÖFFEL

1 STOPPUHR

WETTKAMPF

SCHNUR

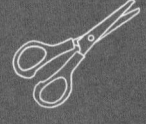

1 SCHERE

TEAMGEIST

FEIER

ZIEL

Möglichst schnell alle Glocken
zum Läuten bringen.

VORBEREITUNG

Sucht euch zuerst ein passendes Spielfeld für
dieses Spiel: Ihr könnt auf dem Gras oder im
Sand spielen: Der Boden muss locker sein. Steckt
6 Gabeln mit einem Abstand von jeweils 1 m
in einer Reihe in den Boden. Verteilt dann die
Rollen: Ein Spieler drückt die Stoppuhr und der
andere absolviert den Parcours. Dieser bereitet
sich folgendermaßen vor: Bindet eine Schnur
um eure Hüfte und lasst sie zwischen euren
Beinen baumeln. Befestigt am Schnurende
einen Löffel. Passt dann die Schnurlänge an: Der
Löffel muss beim Laufen die Gabeln berühren.
Der andere Spieler drückt die Stoppuhr: Los geht's!

Bereit? Auf die Plätze, fertig, los!

Der Spieler läuft zur ersten Gabel und versucht sie mit dem Löffel »zum Läuten zu bringen«.

Achtung: Ihr müsst den Löffel mit der Hüfte steuern, nicht mit den Händen!

KLING

Sobald es läutet, dürft ihr zur nächsten Gabel laufen usw., bis ihr die letzte Gabel erreicht habt.

Drückt die Stoppuhr und tauscht die Rollen: Der schnellste Spieler gewinnt!

Du hast 25 Sekunden gebraucht!

Super, und jetzt du!

DIE ULTRASCHALL-UNTERSUCHUNG

AB 4 SPIELER (GERADE ANZAHL)

1 WEISSES T-SHIRT PRO SPIELER

VERSCHIEDEN-FARBIGE SOCKEN

1 TÜTE

IM TEAM

1 TRINKFLASCHE PRO SPIELER

WASSER

1 BADE-ANZUG/-HOSE PRO SPIELER

WAHRNEHMUNG

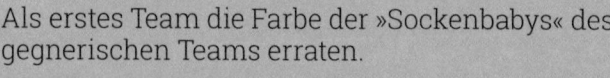

WASSER

ZIEL

Als erstes Team die Farbe der »Sockenbabys« des gegnerischen Teams erraten.

VORBEREITUNG

Bildet Teams mit einer geraden Anzahl an Spielern. Zieht einen Badeanzug bzw. eine Badehose an und ein weißes T-Shirt darüber. Mischt alle Socken in einer Tüte miteinander. Jeder von euch geht der Reihe nach allein in ein Zimmer und fischt eine Socke aus der Tüte. Versteckt sie unter eurem T-Shirt, bevor ihr nach draussen zurückkehrt. Danach nimmt jeder noch eine Flasche Wasser. Das Spiel kann beginnen.

Welch ein freudiges Ereignis: Ihr bekommt eine Socke!
Und jetzt ist es Zeit für die Ultraschalluntersuchung.

Ihr müsst die Sockenfarbe der anderen Spieler als Erste erraten. Dafür macht ihr eure
Spielgegner nass: Je nasser ein T-Shirt ist, desto durchsichtiger wird es und desto
leichter ist die Farbe der versteckten Socke zu erkennen.

Ihr dürft beim Laufen eure Socke aber nicht
verlieren: Fällt sie heraus, können die Spieler
der anderen Teams die Farbe sehen.

Das erste Team, das alle Sockenfarben der anderen Teams errät,
gewinnt den Titel »Beste Hebamme der Welt«.

DRINNEN

EIN KÜSSCHEN AUF REISEN

AB 4 SPIELER (GERADE ANZAHL)

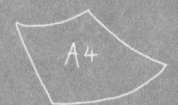

LEERE BLÄTTER

1 SCHERE

FARBSTIFTE

IM TEAM

REAKTIONS-FÄHIGKEIT

FEIER

ZIEL

Möglichst viele Küsse bekommen und der meist verehrte Star werden.

VORBEREITUNG

Bildet Teams mit jeweils 2 Spielern. Bastelt die Küsschen: Zeichnet und schneidet 10 kleine Papierherzen pro Team aus. Die Teams verteilen die Rollen: Ein Spieler ist der Star und der andere sein Fan. Die Spieler stellen sich gegenüber hin und die Fans nehmen die Herzen in die Hand: Das Spiel kann beginnen.

Das Konzert ist aus und vor euch steht euer Lieblingsstar.
Ihr müsst ihm möglichst viele Küsse zuhauchen.

Die Fans spitzen ihre Lippen zu einem Kussmund.

Dann pusten sie ihrem Idol ein Papierherz zu.

Der Star muss die Herzen mit seinen Händen fangen. Fällt das Herz zu Boden, lasst es einfach liegen und nehmt das nächste.

KLATSCH

Das Team, das die meisten Herzen fängt, gewinnt.

Nach der Spielrunde könnt ihr die Rollen tauschen und das Spiel noch mal spielen.

Wir haben 6 Herzen gefangen!

Wir 4...

Wollen wir noch mal?

AMEISENRENNEN

2 BIS 3 SPIELER

1 STROHHALM PRO SPIELER

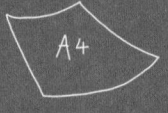

1 BLATT

1 BECHER

GEMEINSCHAFT

1 EIERUHR

GESCHICKLICHKEIT

ZIEL

Möglichst viele Papierkügelchen zum Ameisenhaufen bringen, bevor die Zeit abgelaufen ist.

ACTION

VORBEREITUNG

Bastelt zuerst 15 Papierkügelchen, die ihr auf einem Tisch verteilt. Stellt den Becher etwa 20 cm hinter die Kügelchen. Jeder Spieler nimmt einen Strohhalm – dieser wird dann seine »Mundwerkzeuge« sein: Dafür faltet ihr den Strohhalm in der Mitte zusammen und nehmt ihn in den Mund. Mit den Zähnen haltet ihr ihn fest. Bewegt euren Kiefer: Die beiden Enden des Strohhalms müssen sich bewegen und leicht berühren können. Ihr werdet vielleicht ein paar Versuche brauchen, bis die Bewegungen klappen. Stellt die Eieruhr auf 2 Minuten.

Stellt die Eieruhr ein. Los geht's! Ab jetzt seid ihr Ameisen. Die Ameisenkönigin versteckt sich im Becher. Ihr müsst ihr möglichst viele Papierkügelchen bringen.

Dafür braucht ihr eure Mundwerkzeuge.

Mit den Lippen und dem Kiefer bewegt ihr den Strohhalm und versucht ein Kügelchen zu fassen.

Bringt dieses dann zum Becher und lasst es hineinfallen. Bringt möglichst viele Kügelchen zur Ameisenkönigin, bevor die Zeit abgelaufen ist!

Wir haben der Ameisenkönigin 10 Kügelchen gebracht.

Wollen wir diesen Rekord brechen?

DER GRÜNE DAUMEN

**AB
2 SPIELER**

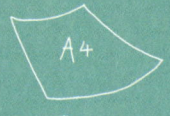

BLÄTTER

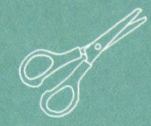

**1 SCHERE
PRO SPIELER**

FARBSTIFTE

WETTKAMPF

GEDULD

FAMILIE

ZIEL

Als Erster einen blühenden Garten haben.

VORBEREITUNG

Jeder Spieler legt seinen eigenen Garten an.
Schneidet von einem Blatt Papier 10 Kreise
mit 2 cm Durchmesser aus. Malt auf der einen
Seite eines Kreises ein Samenkorn und auf
der anderen Seite eine Blume. Nehmt ein
DIN-A4-Blatt und legt es auf den Tisch.

Die beiden Blätter sind der schneebedeckte Garten. Ihr müsst eure Samenkörner aussäen, damit die Blumen wachsen können.

Nehmt eure Papierplättchen und lasst sie alle gleichzeitig auf das Blatt fallen.

Zeigt die Seite mit der Blume nach oben, dürft ihr sie liegen lassen. Sind die Samenkörner zu sehen, dürft ihr diese Plättchen bei der nächsten Runde noch einmal auf das Blatt werfen.

Der Spieler, der als Erster alle seine Blumen gepflanzt hat, gewinnt und wird der Gärtner mit dem grünen Daumen.

DER FLUG DER PAPIERKÜGELCHEN

  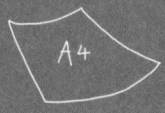 

2 BIS 3 SPIELER   **1 KOPFKISSEN**   **BLÄTTER**   **1 STIFT**

WETTKAMPF

ZIEL

Dem Kopfkissen eine Heidenangst einjagen, damit es euch möglichst viele Papierkügelchen gibt.

MUSKELKRAFT

VORBEREITUNG

Bastelt aus einem DIN-A4-Blatt 10 Papierkügelchen, die ihr zu einem Haufen auf das Kopfkissen legt. Auf dem anderen Blatt notiert ihr euch eure Punkte.

FEIER

Der älteste Spieler beginnt.

Er schlägt mit dem Handrücken auf das Kopfkissen neben den Papierkügelchen und ruft dabei: »Gib mir deine Kügelchen!« Er muss sich seine Kraft gut einteilen, damit die Kügelchen auch in seiner Hand landen.

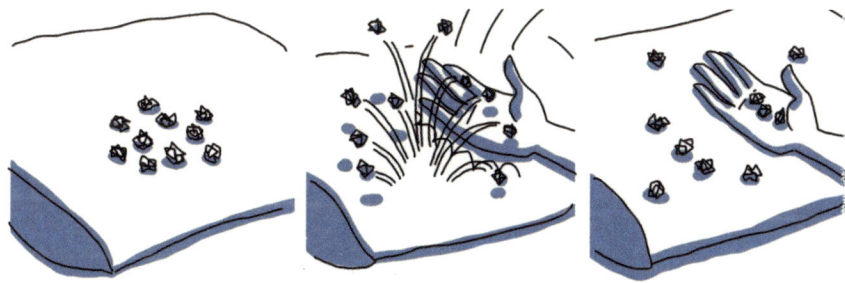

Dann notiert er sich die Anzahl der gefangenen Papierkügelchen auf einem Blatt und legt sie zurück.

Jetzt ist ein anderer Spieler an der Reihe. Der Erste, der insgesamt 25 Kügelchen hat, gewinnt.

DIE WIEDERBELEBUNG

2 SPIELER

3 BLÄTTER

1 STIFT

1 LINEAL

WETTKAMPF

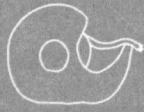

TESA

1 SCHERE

ATMUNG

RUHE

ZIEL

Als Erster seinen Patienten wiederbeleben.

VORBEREITUNG

Bastelt euch euren Patienten: Jeder Spieler zeichnet auf einem DIN-A5-Blatt einen Patienten. Malt auf ein DIN-A4-Blatt zwei 3 cm große Herzen und schneidet diese aus. Auf ein zweites DIN-A4-Blatt zeichnet ihr das EKG des Patienten. Malt es so, wie es auf der nächsten Seite dargestellt ist, und klebt es in die Mitte des Tisches. Stellt euch gegenüber auf (ihr müsst den gleichen Abstand haben). Die Hände legt ihr neben euren Patienten und dessen Herz über ihn.

Haltet das Blatt fest. Die Hände bleiben immer auf dem Tisch. Schiebt das Blatt mit euren Händen zuerst zusammen und zieht es dann wieder auseinander: Der Luftstrom, der dabei entsteht, lässt das Herz eures Patienten zum EKG wandern.

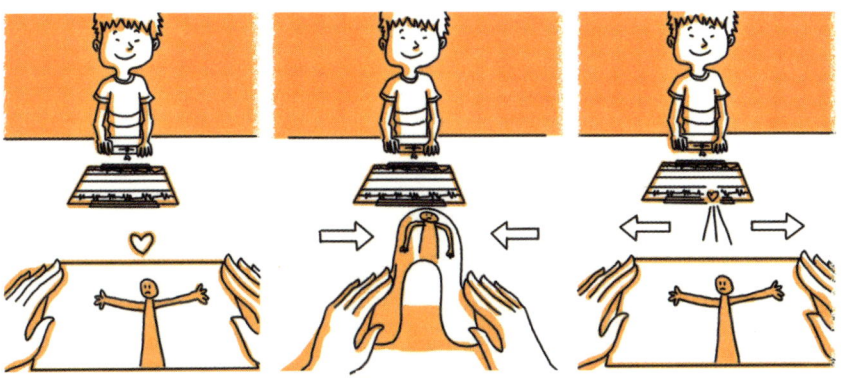

Um euren Patienten zu retten, muss sein Herz das EKG (Bereich, in dem der Herzschlag zu sehen ist) erreichen.

Schießt das Herz aus Versehen über diesen Bereich hinaus und landet auf der geraden Linie (Nulllinie), müsst ihr noch einmal von vorn beginnnen. Der Erste, der seinen Patienten rettet, wird Doktor der Reanimation.

FLIEGENFANGEN

2 SPIELER

1 BLATT

3 VERSCHIEDEN-FARBIGE STIFTE

WETTKAMPF

GENAUIGKEIT

RUHE

ZIEL

Die Fliege des Spielgegners mit dem Feuerlaser eures Drachen fangen.

VORBEREITUNG

Nehmt ein DIN-A4-Blatt und legt es quer auf den Tisch. Zeichnet zwei senkrechte Striche: Die Abstände müssen 7 cm, 15,5 cm und 7 cm sein. Zeichnet in jedes 7 cm große Feld eine winzig kleine Fliege und einen Drachen mit geöffnetem Maul. Malt anschließend noch 5 Herzchen unter euren Drachen. Diese sind seine Leben. Dann nimmt jeder Spieler einen Stift in die Hand.

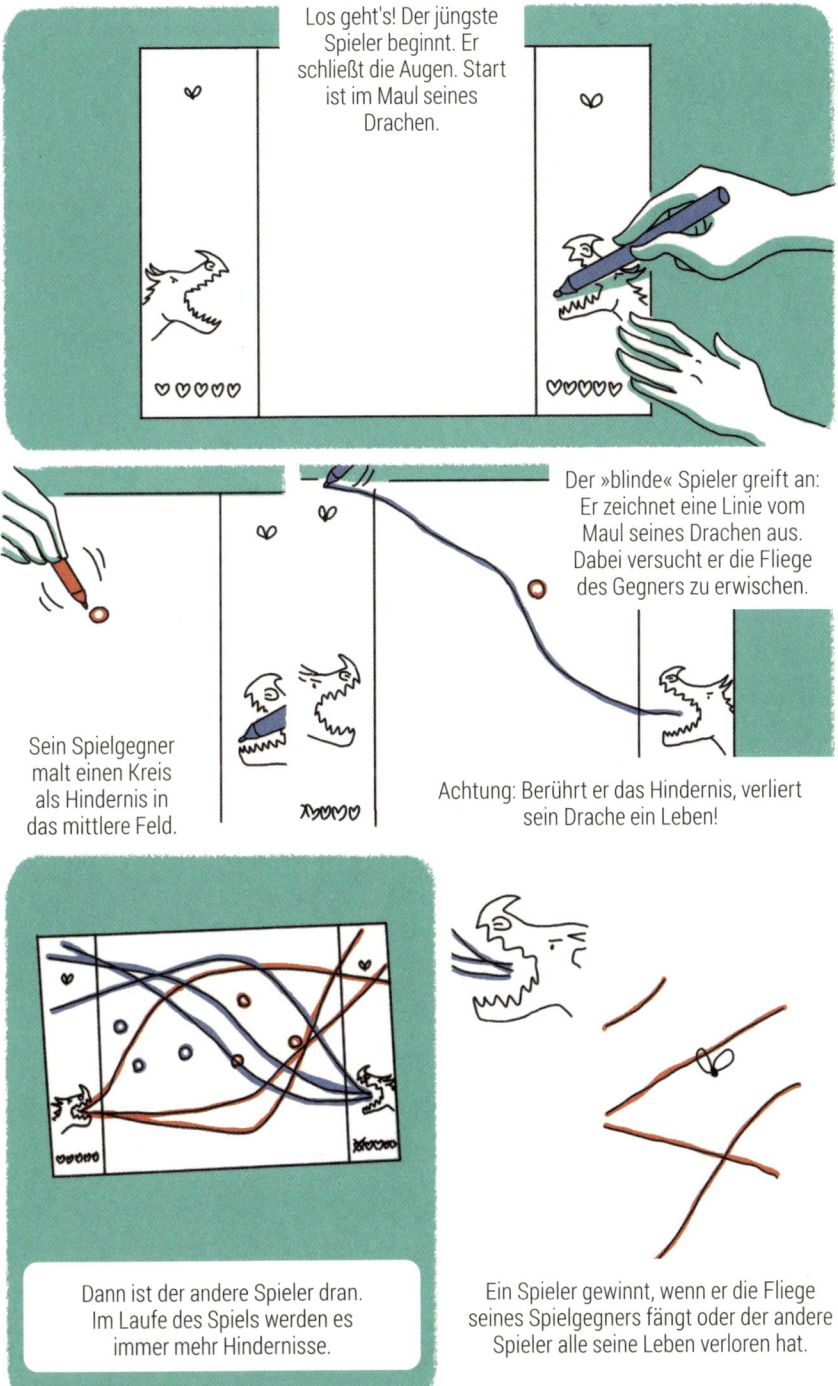

Los geht's! Der jüngste Spieler beginnt. Er schließt die Augen. Start ist im Maul seines Drachen.

Der »blinde« Spieler greift an: Er zeichnet eine Linie vom Maul seines Drachen aus. Dabei versucht er die Fliege des Gegners zu erwischen.

Sein Spielgegner malt einen Kreis als Hindernis in das mittlere Feld.

Achtung: Berührt er das Hindernis, verliert sein Drache ein Leben!

Dann ist der andere Spieler dran. Im Laufe des Spiels werden es immer mehr Hindernisse.

Ein Spieler gewinnt, wenn er die Fliege seines Spielgegners fängt oder der andere Spieler alle seine Leben verloren hat.

ZAHNSTOCHER-SCHLACHT

2 SPIELER

2 BECHER

2 ZAHNSTOCHER

WETTKAMPF

GESCHICKLICHKEIT

IM DUO

ZIEL

Den Zahnstocher seines Spielgegners
als Erster zu Fall bringen.

VORBEREITUNG

Jeder Spieler nimmt einen Becher, dreht ihn
um und legt einen Zahnstocher darauf. Dieser
muss auf einer Seite etwas über den Becherrand
hinausragen. Stellt die beiden Becher auf einen
Tisch gegenüber und nehmt sie in die Hand.

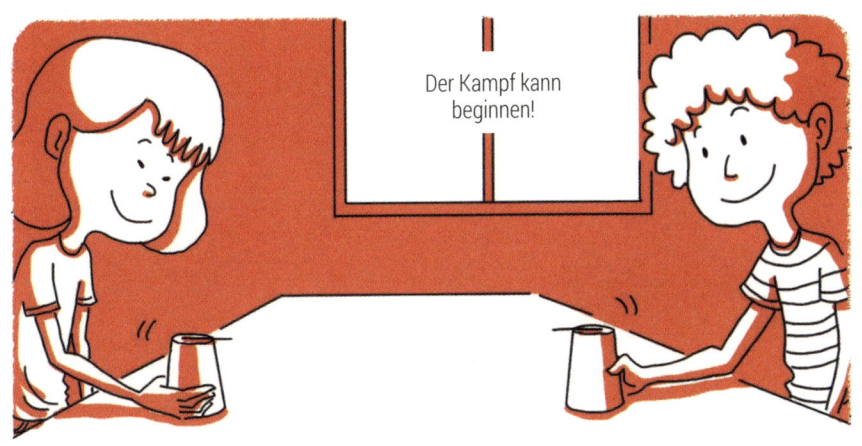

Nehmt euren Becher und bringt mit dem Zahnstocher den eures Spielgegners zu Fall.
Aber Achtung: Eurer darf dabei nicht herunterfallen!

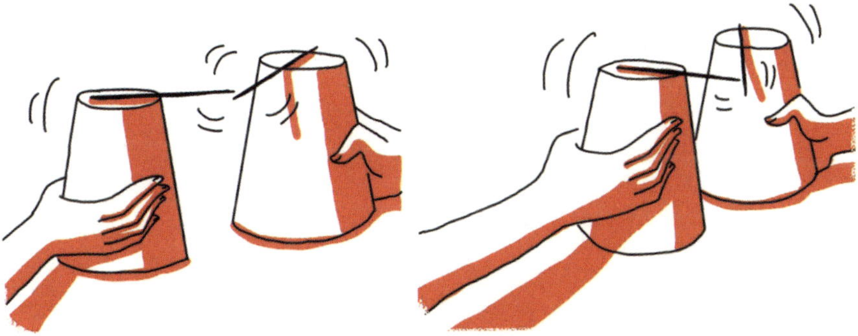

BEWOHNER IN GEFAHR

2 BIS 4 SPIELER

2 BLÄTTER

1 FLASCHEN-VERSCHLUSS

1 EIERUHR

WETTKAMPF

SCHNELLIGKEIT

ACTION

ZIEL

Alle Bewohner retten, bevor das Haus explodiert.

VORBEREITUNG

Bastelt die Hausbewohner: Zerreißt ein Blatt und bastelt daraus 10 kleine Papierkügelchen. Baut das Haus: Schneidet mit der Schere eine etwa 1 cm breite Lasche in den Verschluss und hebt sie an. Das ist die Haustür. Stellt das Haus auf ein Blatt und bringt die Bewohner hinein. Stellt die Eieruhr auf 30 Sekunden.

Bewegt das Blatt mit eurer Hand leicht hin und her, um die Bewohner zu befreien.
Achtung: Fällt das Haus vom Blatt herunter, habt ihr das Spiel sofort verloren!

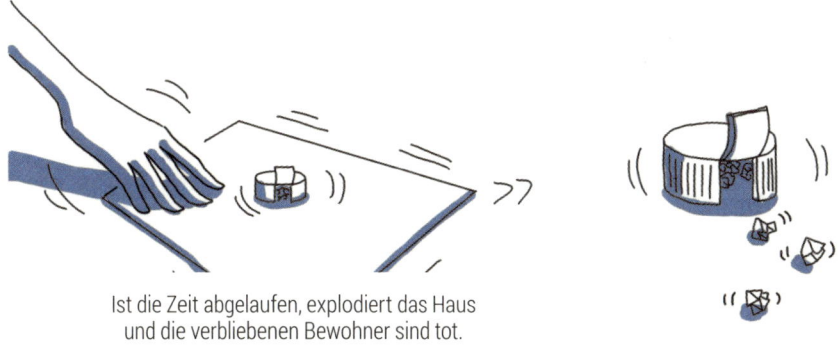

Ist die Zeit abgelaufen, explodiert das Haus
und die verbliebenen Bewohner sind tot.

DIE SPRECHSTUNDE

2 SPIELER

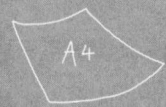

2 BLÄTTER

2 STIFTE (ROT UND SCHWARZ)

1 EIERUHR

GEMEINSCHAFT

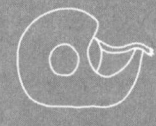

TESA

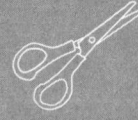

1 SCHERE

GESCHICKLICHKEIT

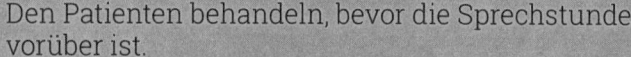

ZIEL

Den Patienten behandeln, bevor die Sprechstunde vorüber ist.

RUHE

VORBEREITUNG

Nehmt ein Blatt hochkant und zeichnet 4 cm über der Blattunterkante einen waagrechten Strich. Das wird der Wartebereich. Zeichnet darüber das Gesicht eures Patienten und malt 10 kleine Schrammen über das ganze Gesicht verteilt darauf. Schneidet auf dem anderen Blatt 10 Heftpflaster aus: Sie müssen so groß sein, dass sie die Verletzungen des Patienten bedecken. Setzt euch nebeneinander. Legt den Patienten vor euch auf den Tisch. Stellt die Eieruhr auf 4 Minuten. Los geht's!

Ihr seid jetzt Ärzte und habt für 4 Minuten Sprechstunde! Jeder von euch nimmt 5 Heftpflaster. Stellt dann die Eieruhr ein.

Legt nacheinander ein Heftpflaster in den Wartebereich.

Pustet das Heftpflaster vorsichtig zu einer Verletzung. Ihr dürft dabei nahe ans Blatt herangehen oder es drehen.

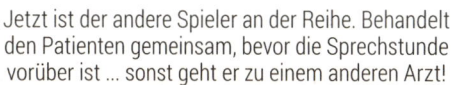
Habt ihr eine Wunde abgedeckt, klebt ihr das Heftpflaster mit Tesa fest.

Jetzt ist der andere Spieler an der Reihe. Behandelt den Patienten gemeinsam, bevor die Sprechstunde vorüber ist ... sonst geht er zu einem anderen Arzt!

Ihr wart zu langsam ... Noch mal!

UNTER RADAR

2 SPIELER

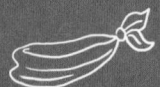

1 TUCH

1 APFEL

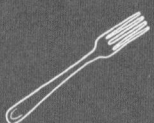

1 GABEL

GEMEINSCHAFT

1 TELLER

1 EIERUHR

ZUHÖREN

IM DUO

ZIEL

Den Teller leer essen, bevor die Zeit vorüber ist.

VORBEREITUNG

Schneidet den Apfel und legt 10 Stücke auf den Teller. Verteilt die Rollen: Ein Spieler ist der Steuermann. Der andere Spieler verbindet sich die Augen und stellt sich mit einer Gabel in der Hand vor den Teller. Dann isst er die Apfelstücke. Stellt die Eieruhr auf 3 Minuten.

Der »blinde« Spieler lässt seine Gabel über den Teller wandern. Befindet er sich über einem Apfelstück, gibt der Steuermann ein »Piep« von sich. Bei diesem Signal stoppt der erste Spieler seine Gabel und versucht ein Stück Apfel anzustechen.

Schafft er es, isst er das Stück und lässt die Gabel dann weiterwandern.

Ihr gewinnt, wenn euer Teller leer ist, bevor die Zeit vorüber ist. Tauscht dann die Rollen und versucht noch schneller zu sein!

TASCHENTÜCHERWURF

**AB
2 SPIELER**

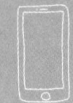

1 SMARTPHONE

**1 PÄCKCHEN
TASCHENTÜCHER**

GEMEINSCHAFT

**REAKTIONS-
FÄHIGKEIT**

FAMILIE

ZIEL

Möglichst viele Pässe spielen, bevor das
Licht ausgeht.

VORBEREITUNG

Geht an einen dunklen Ort. Stellt euch mit etwa
2,5 m Abstand zueinander im Kreis auf. Legt das
Smartphone in die Kreismitte auf den Boden.

Entsperrt das Smartphone. Spielt euch mit dem Päckchen Taschentücher Pässe zu, solange der Bildschirm leuchtet.

Zählt, wie viele Pässe ihr geschafft habt, bis der Bildschirm ausging, und versucht euren Rekord zu brechen.

SCHWAMMRENNEN

**AB
2 SPIELER**

**1 SCHWAMM
PRO SPIELER**

TESA

WETTKAMPF

**REAKTIONS-
FÄHIGKEIT**

FAMILIE

ZIEL

Seinen Schwamm heil nach unten bringen, ohne
dass er herunterfällt.

VORBEREITUNG

Bereitet die Rennstrecke vor: Nehmt eine glatte
Wand und grenzt die Startlinie mit einem
Stück Tesa in etwa 1,5 m Höhe ab. Jeder Spieler
nimmt einen Schwamm und drückt ihn über der
Startlinie an die Wand. Achtung: Ihr dürft euren
Schwamm nur mit einem Finger festhalten.

Schärft euer Reaktionsvermögen: Los geht's!

Bewegt euren Schwamm nach unten: Nehmt dabei euren Finger weg und lasst den Schwamm nach unten gleiten.

Drückt euren Finger schnell wieder auf den Schwamm, bevor er auf den Boden fällt. Ansonsten müsst ihr noch einmal von vorn beginnen.

Der Erste, der seinen Schwamm heil nach unten bringt, gewinnt.

DAS KROKODIL

2 SPIELER

2 BÜCHER MIT EINEM FESTEN EINBAND

20 STIFTE

WETTKAMPF

GELASSENHEIT

FAMILIE

ZIEL

Sich alle Stifte schnappen, bevor das Krokodil aufwacht.

VORBEREITUNG

Jeder Spieler baut sich sein Krokodil: Öffnet das Buch und klemmt einen Stift senkrecht zwischen zwei Seiten, sodass das Buch offen bleibt. Legt die anderen Stifte auf die gegenüberliegende Seite von euch.

Los geht's! Steckt euren Arm in das halb offene Maul des Krokodils, um euch einen Stift zu schnappen und ihn zu euch herzuziehen

Achtung: Berührt ihr einen Stift und das Maul des Krokodils schließt sich, müsst ihr den Stift fallen lassen und das Krokodil wieder aufbauen. Erst dann dürft ihr weiterspielen.

Der Erste, der alle Stifte heil auf seine Seite gebracht hat, gewinnt.

Geschafft!

JACKE, ÖFFNE DICH

**AB 4 SPIELER
(GERADE ANZAHL)**

**1 JACKE MIT
REISSVERSCHLUSS
PRO SPIELER**

SCHNUR

IM TEAM

ZUSAMMENHALT

ACTION

ZIEL

Sich als erstes Team aus seiner Jacke befreien.

VORBEREITUNG

Jeder Spieler zieht eine Jacke an. Bildet Teams mit jeweils 2 Spielern. Verbindet die Schiebergriffe der Reißverschlüsse der 2 Spieler eines Teams mit einer etwa 1 m langen Schnur miteinander. Die Spieler stellen sich gegenüber auf: Die Schnur muss gespannt und die Reißverschlüsse bis zum Hals hochgezogen sein. Dann kann das Spiel beginnen!

Los geht's! Alle Teams spielen gleichzeitig. Geht abwechselnd in die Hocke und spannt die Schnur, um die Jacke eures Spielpartners öffnen zu können.

Mit dieser Bewegung öffnet ihr den Reißverschluss eures Spielpartners.

Das erste Team, das seine beiden Jacken am schnellsten öffnet und auszieht, gewinnt!

Geschafft!

DAS FINGERRINGE-SPIEL

2 SPIELER

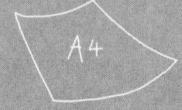

BLÄTTER

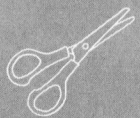

1 SCHERE PRO SPIELER

TESA

WETTKAMPF

GESCHICKLICHKEIT

IM DUO

ZIEL

Als Erster alle Ringe an die Finger der freien Hand stecken.

VORBEREITUNG

Jeder Spieler schneidet 5 lange falsche Papierfinger und 5 Ringe aus (sie müssen groß genug sein, damit sie an die Finger passen). Klebt die 5 Finger auf einer Hand mit Tesa fest: Klebt sie in die Mitte eurer echten Finger auf, sodass ihr diese noch bewegen könnt.

Versucht mit euren langen Papierfingern die Ringe an die Finger eurer anderen Hand zu stecken.

Natürlich müsst ihr schnell sein: Der Erste, der alle Ringe an den Fingern hat, gewinnt!

Bonus: Ihr habt noch nicht genug? Hier ein zweiter Spielvorschlag: Versucht jetzt eure Finger abzuziehen! Schnappt euch die Papierfinger eures Spielgegners und reißt sie so schnell wie möglich ab! Achtung: Ihr dürft dabei nur eure langen Papierfinger verwenden!

FINGERMEMORY

2 SPIELER

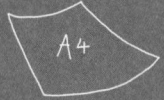

1 BLATT

1 SCHERE PRO SPIELER

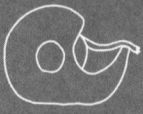

TESA

WETTKAMPF

4 VERSCHIEDEN-FARBIGE SIFTTE

GEDÄCHTNIS

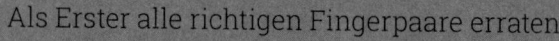

ZIEL

Als Erster alle richtigen Fingerpaare erraten.

IM DUO

VORBEREITUNG

Jeder Spieler bastelt 8 Papierplättchen mit 4 verschiedenen Farben (2 von jeder Farbe). Diese klebt er sich mit Tesa auf die Nägel (der Daumen bleibt frei). An jeder Hand sind 4 Farben, aber alle in einer anderen Reihenfolge. Die Spieler machen jeweils eine Faust, sodass keiner die Farben des anderen sieht. Dann stellen sie sich gegenüber. Los geht's!

Jeder Spieler nennt abwechselnd zwei Finger: einen von jeder Hand.

Linker Zeigefinger und rechter kleiner Finger.

Der andere Spieler zeigt die genannten Finger. Haben die beiden Finger dieselbe Farbe, lässt er sie oben. Ansonsten versteckt er sie wieder.

Schade, es ist nicht dieselbe Farbe!

Jetzt ist der andere Spieler dran.

Ich habe verloren ...

Der Erste, der seine 8 Finger oben hat, verliert, und der andere Spieler gewinnt.

UNTERWEGS

DAS SATZOPHONE

AB 4 SPIELER (GERADE ANZAHL)

1 SMARTPHONE PRO TEAM

IM TEAM

GELASSENHEIT

SPRACHE

ZIEL

Möglichst schnell einen Satz von seinem Mitspieler erraten.

VORBEREITUNG

Bildet Teams mit jeweils 2 Spielern und verteilt die Rollen: Einer muss später einen Satz von seinem Mitspieler erraten. Die anderen nicht ratenden Mitspieler schließen sich zunächst zusammen und suchen gemeinsam nach einem einfachen Satz wie »Die Katze isst einen Apfel«. Der Satz bleibt für alle Teams gleich. Achtet darauf, dass die Spieler, die raten müssen, den Satz nicht hören. Die Spieler setzen sich wieder zu ihren Teammitgliedern. Pro Team braucht ihr ein Smartphone: Öffnet die Notizen-App. Ein Spieler pro Team hält das Smartphone vor den anderen Spieler, damit dieser den Satz anschließend eintippen kann.

DER WORTSOUFFLEUR

**2 BIS 4
SPIELER**

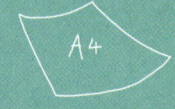

1 BLATT

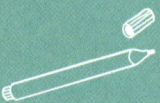

1 STIFT

WETTKAMPF

SPRACHFERTIGKEIT

SPRACHE

ZIEL

Möglichst viele Wörter erraten.

VORBEREITUNG

Bestimmt einen Spieler, der der erste
Wortsouffleur ist: Er denkt sich einen Satz
aus und schreibt ihn auf ein Blatt. Dann sucht
er sich aus diesem Satz 6 Wörter heraus,
die die anderen Spieler erraten müssen.

Der Wortsouffleur beginnt mit seinem Satz.

»Ich kaufe mir ein Pferd in Australien und eine Vogelspinne. Ich will damit im Zirkus auftreten und viel Geld verdienen.« Er stoppt bei dem Wort, das er sich ausgesucht hat, und sagt davon nur die ersten beiden Buchstaben: Wurde das Wort erraten, macht er mit seinem Satz weiter usw., bis alle Wörter erraten wurden.

Der Spieler, der das Wort errät, bekommt einen Punkt.

STILLGESTANDEN!

2 SPIELER

2 LEERE TRINKFLASCHEN

WETTKAMPF

GLEICHGEWICHT

RUHE

ZIEL

Die Flasche des Spielgegners zu Fall bringen.

VORBEREITUNG

Jeder klemmt seine Flasche zwischen seinen Kopf und das Autodach.

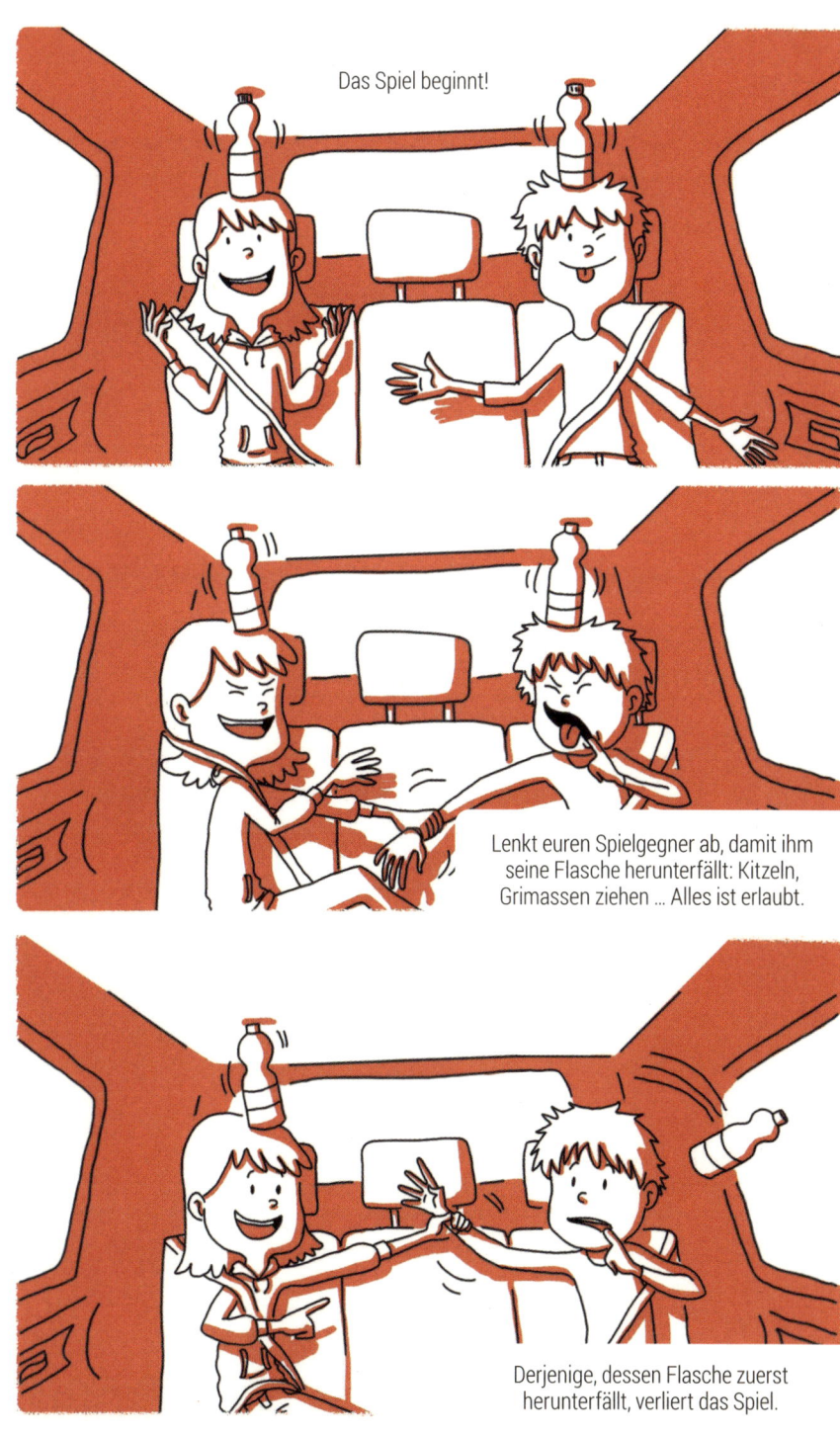

DER RISKANTE WEG

2 SPIELER

1 NOTIZBLOCK (MINDESTENS DIN A5)

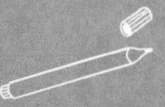

1 STIFT

1 STOPPUHR

WETTKAMPF

ZIEL

Nicht vom Weg abkommen.

GESCHICKLICHKEIT

VORBEREITUNG

Nehmt eine leere Seite des Notizblocks und zeichnet einen Weg mit ein paar Kurven darauf. Verteilt die Rollen: Ein Spieler drückt nachher die Stoppuhr und der andere meistert den Weg. Dafür nimmt er einen Stift und hält ihn mit einem Finger senkrecht zum Blatt. Mit einem anderen Finger lenkt er den Stift auf dem Papier.

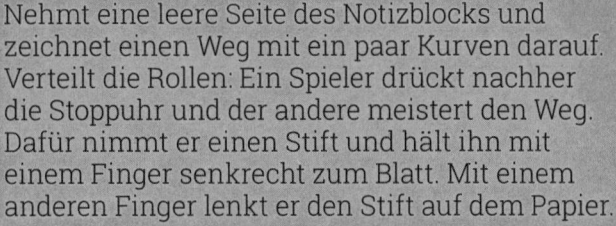

IM DUO

VORNAMENSALAT

AB 2 SPIELER

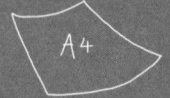

1 BLATT PRO SPIELER

1 STIFT PRO SPIELER

WETTKAMPF

KONZENTRATION

SPRACHE

ZIEL

Als Erster seine Vornamensgeschichte aufschreiben.

VORBEREITUNG

Jeder Spieler nimmt ein Blatt und einen Stift. Denkt euch gemeinsam 4 Vornamen aus, die alle Spieler kennen, und schreibt sie auf euer Blatt. Wollt ihr das Spiel schwieriger gestalten, nehmt noch mehr Vornamen.

Denkt euch eine Geschichte aus: In dieser müssen alle vier Vornamen vorkommen. Achtung: In eurer Geschichte müsst ihr aus den Vornamen andere Wörter bilden. Zum Beispiel die Vornamen Mark, Anne, Jakob und Peter.

Okay, zeig mir deinen Satz!

Fertig!

Der Erste, der seine Geschichte aufgeschrieben hat, stoppt das Spiel. Dann überprüfen alle Spieler, ob die Vornamen korrekt sind.

Der Spieler bekommt dann einen Punkt. Der Erste, der 5 Punkte hat, gewinnt.

Am Wochenende gehe ich auf den Markt. Dort kaufe ich eine Gießkanne, Jakobsmuscheln und frische Petersilie.

Oh, bravo!

DER GEHEIMBUCHSTABE

2 SPIELER

**1 BLATT
PRO SPIELER**

**1 STIFT
PRO SPIELER**

WETTKAMPF

KONZENTRATION

SPRACHE

ZIEL

Als Erster den geheimen Buchstaben
seines Spielgegners erraten.

VORBEREITUNG

Jeder von euch nimmt ein Blatt und einen Stift.
Denkt euch einen Buchstaben aus und schreibt ihn
unten auf das Blatt. Dann faltet es unten einmal.
Achtung: Euer Spielgegner darf den Buchstaben
nicht sehen! Der älteste Spieler beginnt.

MYSTERIÖSE STIFTE

2 SPIELER

1 RECHTECKIGE SCHACHTEL BUNTSTIFTE

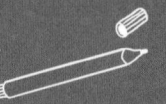

1 STIFT

1 BLATT

WETTKAMPF

KONZENTRATION

IM DUO

ZIEL

Die Farbkombination seines Spielgegners erraten.

VORBEREITUNG

Verteilt die Rollen: Ein Spieler nimmt die Schachtel Buntstifte und der andere muss die Farbkombination erraten. Der erste Spieler sucht sich 7 verschiedenfarbige Buntstifte aus und legt sie in die Schachtel: Von diesen 7 Stiften müssen 4 mit der Mine nach unten zeigen. Der Spielgegner darf die 4 Stifte aber nicht sehen. Der andere Spieler notiert sich die 7 ausgewählten Farben auf einem Blatt.

Der Spieler, der die 4 Farben erraten muss, nennt 2 Farben. Auf jede genannte Farbe antwortet der andere Spieler mit »Ja«, wenn die Mine nach unten zeigt, oder »Nein«, falls nicht.

Achtung: Auf die Reihenfolge kommt es nicht an.
Entscheidend ist nur die Anzahl der richtigen Stifte.

Notiert euch die Antworten auf dem Blatt, bis ihr die richtigen Farben erraten habt.

Verteilt die Rollen: Derjenige, der die richtigen Farben mit den wenigsten Rateversuchen errät, gewinnt.

KONSONANTEN UND VOKALE

4 SPIELER

KEIN MATERIAL

IM TEAM

ZIEL

Als erstes Team sein Wort zu Ende bringen.

SPRACH-FERTIGKEIT

VORBEREITUNG

Bildet 2 Teams mit jeweils zwei Spielern. Bestimmt in jedem Team einen Spieler, der die Konsonanten sagt, und einen anderen, der die Vokale spricht. Der Spieler mit den Konsonanten denkt sich heimlich ein Wort aus.

SPRACHE

ALLEIN

DAS KATAPULT

DRINNEN

10 SOCKEN

SCHNUR

1 EIERUHR

GESCHICKLICHKEIT

HÖCHSTE KONZENTRATION!

ZIEL

Möglichst viele Socken herunterschießen, bevor die Zeit abgelaufen ist.

VORBEREITUNG

Befestige eine gespannte Schnur zwischen zwei Türen. Leg alle Socken über die Schnur, bis auf einen, den du in der Hand hältst. Stell die Eieruhr auf 4 Minuten und leg dich unter die Schnur.

Stellt die Eieruhr ein. Versucht mit eurer Socke
die an der Schnur hängenden Socken zu treffen.

Dafür müsst ihr eure
Socke so weit wie möglich
auseinanderziehen und dann
loslassen, damit sie nach
oben fliegt. Zielt auf die
hängenden Socken.

Wenn die Zeit abgelaufen ist,
zählt die Socken, die ihr
heruntergeschossen habt. Dann könnt
ihr es noch mal versuchen und euren
eigenen Rekord brechen.

5 Socken!
Neuer Rekord!

DER FLIEGENDE FISCH

DRAUSSEN

1 TÜTE

1 PÄCKCHEN TASCHENTÜCHER

1 EIERUHR

SCHNELLIGKEIT

HÖCHSTE KONZENTRATION!

ZIEL

Seinen Fisch in die Höhe schießen lassen und wieder fangen.

VORBEREITUNG

Nehmt eine Tüte (am besten eine dünne Obst-/ Gemüsetüte) und schließt die Luft darin ein. Mit einer Hand haltet ihr sie fest verschlossen. Mit der anderen Hand drückt ihr eine kleine Mulde in eine der Tütenecken. Legt das Päckchen Taschentücher hinein: Euer Fisch ist jetzt bereit für seine Luftsprünge.

Schlagt mit einer kurzen, kräftigen Bewegung gegen die Tüte!

Der Fisch fliegt in die Luft: Während er blitzschnell in die Höhe schießt, müsst ihr die Tüte so schnell wie möglich öffnen, damit er wieder sicher landet.

Ihr braucht wahrscheinlich mehrere Versuche, bis es klappt. Nehmt dann eine Eieruhr und stellt die Zeit auf 2 Minuten: Wie oft fangt ihr ihn in dieser Zeit?

DAS ESSSTÄBCHENSPIEL

DRINNEN

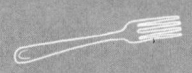

1 GABEL

2 STROHHALME

15 ERDNÜSSE

GESCHICKLICHKEIT

1 EIERUHR

RUHE

ZIEL

All seine Erdnüsse essen, bevor
die Zeit abgelaufen ist.

VORBEREITUNG

Bastelt eure chinesischen Essstäbchen: Steckt
die beiden Strohhalme auf die mittleren Spitzen
(Zinken) der Gabel (ihr müsst sie bis zum Anschlag
hineinstecken). Stellt dann einen Teller mit
Erdnüssen vor euch auf den Tisch und nehmt eure
Gabel in die Hand. Stellt die Eieruhr auf 3 Minuten.

Los geht's: Nehmt eure Essstäbchen in die Hand. Die Strohhalme müssen die Erdnuss seitlich berühren. Damit schnappt ihr sie euch.

Habt ihr die Nuss mit den Stäbchen festgeklemmt, führt ihr sie zum Mund.

Schafft ihr es, all eure Erdnüsse festzuhalten und zu essen, habt ihr gewonnen!

STERNENFÄNGER

DRINNEN

1 BLATT

1 BECHER

TESA

KONZENTRATION

1 STOPPUHR

RUHE

ZIEL

Alle Papierkügelchen müssen möglichst schnell am Tesa kleben.

VORBEREITUNG

Bastelt 10 kleine Papierkügelchen (etwa 2 mm) und legt sie in den Becher. Auf diesen klebt ihr dann 2 Streifen Tesa über Kreuz.

Drückt die Stoppuhr.
Die Zeit läuft!

Schüttelt den Becher
vorsichtig hin und her, damit
die Papierkügelchen am Tesa
kleben bleiben.

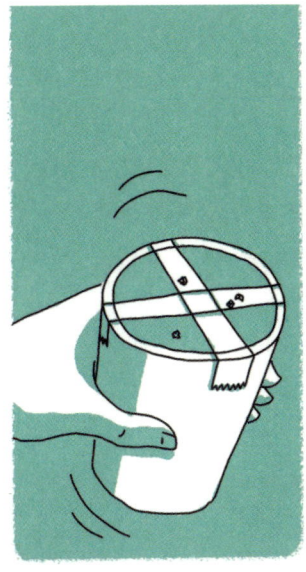

Schüttelt ihr den Becher zu heftig und ein
Kügelchen fällt heraus, dann legt es einfach in
den Becher zurück.

Kleben alle Papierkügelchen am Tesa,
drückt wieder die Stoppuhr. Spielt das
Spiel immer wieder und versucht euren
Rekord zu brechen!

DIE KNOPFWANDERUNG

 **DRINNEN**

 **1 ALTE ZEITSCHRIFT**

 **1 HEMD MIT KNÖPFEN**

 **1 SCHERE**

 **AUSDAUER**

 **ACTION**

ZIEL

Die Seite einer Zeitschrift
mit einem Knopf zerschneiden.

VORBEREITUNG

Zieht das Hemd an und sucht euch eine Seite aus
der Zeitschrift aus, die ihr zerschneiden wollt.
Schneidet mit der Schere ein kleines Loch in die
Mitte der Seite. Hängt die Seite dann an einen
Knopf. Das war's. Das Spiel kann beginnen!

Drückt die Stoppuhr und los geht's: Verschränkt eure Arme hinter dem Rücken und hüpft auf der Stelle.

Das Gewicht der unteren Seiten zieht die Zeitschrift nach unten und der Knopf wandert nach oben. Am einfachsten klappt es mit einer der ersten Seiten. Achtung: Mit einer zu heftigen Bewegung könnte die Zeitschrift auf den Boden fallen, noch bevor ihr die Seite zerschnitten habt! In diesem Fall hängt ihr sie einfach wieder an den Knopf und hüpft weiter.

Drückt am Schluss wieder die Stoppuhr und versucht euren Rekord mit den anderen Seiten zu brechen.

EIERLEGEN

DRAUSSEN

1 PAAR STRUMPFHOSEN

1 MITTELGROSSER BALL

1 STOPPUHR

AUSDAUER

ACTION

ZIEL

Möglichst schnell sein Ei legen.

VORBEREITUNG

Bindet die Strumpfhose mit den beiden Enden um eure Hüfte: Der offene Teil der Strumpfhose muss am Rücken sein. Steckt einen Ball hinein. Er sollte gross genug sein, dass die Strumpfhose ihn festhält. Jetzt kann es mit dem Eierlegen losgehen!

Ihr bekommt ein Ei.
Welch ein freudiges Ereignis!

Drückt die Stoppuhr. Damit ihr euer Ei legen könnt, müsst ihr so schnell ihr könnt auf der Stelle hüpfen.

Sobald der Ball aus der Strumfhose fällt, habt ihr gewonnen.

Achtet auf die Zeit, die ihr gebraucht habt, und versucht schneller zu werden!

BLÄTTERKETTE

DRAUSSEN

**FEUCHTE
LAUBBLÄTTER**

SCHNELLIGKEIT

RUHE

ZIEL

Die längste Blätterkette basteln.

VORBEREITUNG

Für dieses Spiel müsst ihr zuerst den richtigen Platz finden: Ihr braucht einen Baum, bei dem ihr die unteren Blätter erreichen könnt, und eine Handvoll feuchtes Laub. Ihr könnt die Blätter aber auch während eines Spaziergangs mitnehmen und dann stellt ihr euch unter einen Baum.

Klebt euer Blatt an ein Blatt, das am Baum hängt, und macht eine Kette.

Ich habe 6 Blätter geschafft. Das ist mein Rekord!

Klebt möglichst viele Blätter aneinander.
Aber Achtung: Eure Kette darf nicht abreißen.

TRINKEN IN BALANCE

DRAUSSEN

1 KLEINE PLASTIKFLASCHE

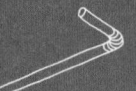

1 STROHHALM

WASSER

GLEICHGEWICHT

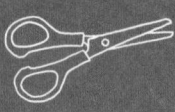

1 SCHERE

HÖCHSTE KONZENTRATION!

ZIEL

Das ganze Wasser austrinken, ohne die Flasche fallen zu lassen.

VORBEREITUNG

Bereitet eure Trinkschale vor: Schneidet die Flasche auseinander. Für das Spiel braucht ihr nur den oberen Teil der Flasche mit dem Verschluss. Achtet darauf, dass die Kappe fest zugeschraubt ist. Füllt die Schale dann bis zur Hälfte mit Wasser und steckt den Strohhalm hinein. Ihr müsst die Schale mit zwei Fingern im Gleichgewicht halten.

Los geht's: Alles eine Frage des Gleichgewichts.

Achtung: Ihr dürft die Schale nur mit einer Hand halten.

Versucht das Wasser auszutrinken, ohne etwas zu verschütten!

Wenn ihr das geschafft habt, habt ihr gewonnen!

DER EISVERKÄUFER

DRINNEN

9 LUFTBALLONS
(3 GELBE, 3 ROTE, 3 GRÜNE)

1 BECHER

GELASSENHEIT

TESA

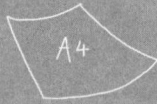

1 BLATT

1 STIFT

RUHE

1 STOPPUHR

1 TASCHE

ZIEL

Möglichst schnell die richtige Eissorte erraten.

VORBEREITUNG

Bereitet eure Eiskugeln vor: Blast die Luftballons
auf (die »Kugeln« sollten einen Durchmesser von
etwa 9 cm haben). Jeder Luftballon muss eine
andere Eissorte sein: Schneidet das Blatt in kleine
Stücke, schreibt die Eissorte darauf und klebt diese
dann mit Tesa auf jeden Ballon. Anschließend
legt ihr die Luftballons in die Tasche und mischt
sie gut durch. Nehmt einen heraus und legt ihn
in den Becher. Wichtig: Das Papier muss unten
sein. Ihr dürft die Eissorte noch nicht sehen.

Drückt die Stoppuhr!

Ihr müsst die Kugel umdrehen, damit ihr die Eissorte erraten könnt. Aber Achtung: Ihr dürft dafür nicht eure Hände verwenden, sondern euer Kinn! Mit diesem dreht ihr die Kugel vorsichtig im Becher.

Fällt sie auf den Boden, müsst ihr sie wieder mit dem Zettel nach unten in den Becher legen. Erst dann dürft ihr weiterspielen.

Versucht euren eigenen Rekord zu brechen.

DER VERRÜCKTE BESEN

DRINNEN

1 BESEN

1 STOPPUHR

SCHNUR

GEDULD

HÖCHSTE KONZENTRATION!

ZIEL

Seinen Besen bändigen und ihn sicher zum Ziel bringen.

VORBEREITUNG

Legt zwei Schnüre mit etwa 2 m Abstand zueinander auf den Boden. Das ist euer Spielfeld. Stellt euch mit dem Besen in der Hand an ein Schnurende. Die Borsten zeigen dabei nach unten. Jetzt kann der Besen gebändigt werden.

ALLEIN

Wenn ihr euren Besen bändigen wollt, dürft ihr ihn nicht am Stiel festhalten:
Lasst den Besenstiel einfach von einer Hand zur anderen hin- und herpendeln.

Ihr müsst die richtigen Bewegungen herausfinden, wie ihr ihn vorwärtsbewegt.
Wenn ihr die Bewegungen beherrscht, könnt ihr die Stoppuhr drücken und den
Besen bis zum anderen Schnurende wandern lassen.

Versucht euren
eigenen Rekord
zu brechen!

UND ZUM
SCHLUSS ...

NEUE SPIELE ERFINDEN

Das war's. Ihr habt alle Spiele in diesem Buch ausprobiert? Die gute Nachricht: Es ist noch nicht vorbei! Mit wenigen Dingen könnt ihr euch schnell und einfach neue Spiele ausdenken – und wie das geht, werden wir euch auf den folgenden Seiten zeigen. Ein wenig Vorstellungskraft und praktisches Können reichen, um aus allem ein Spiel zu machen! Mit den folgenden Tipps werdet ihr zu den größten Spieleerfindern !

AUSGANGSSITUATION: LANGEWEILE

Keine Sorge: Es kann euch gar nichts Besseres passieren, um euer erstes eigenes Spiel zu erfinden. Am kreativsten im Leben ist man nämlich, wenn man sich langweilt. Jetzt seid ihr beruhigt? Dann kann es ja losgehen!

1. EIN GEGENSTAND

Schnappt euch einen Gegenstand in eurer Nähe. Schaut ihn euch genau an. Dreht, zieht … ihn in alle Richtungen. Achtet darauf, wie er geformt ist, welche Geräusche er macht und aus welchem Material er besteht. Stellt euch vor, was man mit ihm alles machen könnte.

Beispiel: ein Blatt Papier. Natürlich kann man darauf zeichnen oder malen. Aber was sonst noch? Ist euch schon aufgefallen, dass es nicht unbedingt jedes Mal wieder auf derselben Seite landet, wenn man es hochwirft? Ein ideales Ausgangsmaterial für ein Spiel.

Und jetzt seid ihr dran !
Nehmt 3 Gegenstände und notiert für jeden folgende Eigenschaften: Form, Farbe, Material usw. Denkt euch dann 3 Möglichkeiten aus, was man damit machen könnte.

der in einem unüberwindbaren Moor feststeckt?

Und jetzt seid ihr dran! Nehmt die 3 ausgewählten Gegenstände und denkt euch für jeden eine Rolle aus, die er in eurem Spiel spielen wird: Verbündeter oder Feind? Oder ein Gegenstand, der euch bei eurer Suche helfen wird?

2. EINE GESCHICHTE

Jetzt habt ihr einen Gegenstand, aber ihr braucht noch ... eine Geschichte! Was wird aus diesem Gegenstand? Bleibt er derselbe Gegenstand oder wird er zu etwas anderem? Ein anderer Gegenstand? Eine Person?

Beispiel: Das Blatt könnte in eurer Fantasiewelt ein verzaubertes Pergamentpapier sein. Wird es in eurem Spiel ein Verbündeter sein? Oder ein Gegner, gegen den ihr kämpft? Und was ist mit euch? Seid ihr noch in eurem Zimmer und dieselbe Person? Oder befindet ihr euch mitten im Dschungel und werdet zu Ameisen, einem Arzt, Gefangenen, Geheimagenten,

3. ASSOZIATIONEN

Ein Gegenstand, eine Geschichte – das reicht vielleicht für die Theorie, aber nicht für die Praxis. Wiederholt die ersten beiden Schritte mit anderen Gegenständen. Überlegt euch, ob sie sich gut miteinander kombinieren lassen oder nicht und was ihr mit ihnen zusammen machen könnt.

Beispiel: Das Blatt Papier ist jetzt ein gefährlicher Gegner. Mit welcher Waffe könnt ihr es bekämpfen? Wie wäre es mit dem Stift auf dem Tisch? Ein perfektes Werkzeug, um ein Blatt anzugreifen!

Und jetzt seid ihr dran!
Kombiniert die 3 ausgewählten
Gegenstände miteinander:
Was könntet ihr damit
alles machen? Vielleicht
müsst ihr eure Geschichte
noch mal überarbeiten.

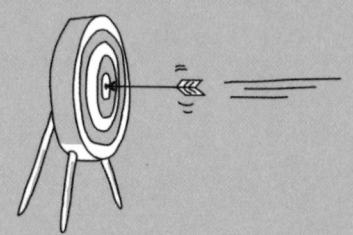

5. EIN ZIEL

Euer Spiel ist fast fertig. Es fehlt
nur noch ein kleines Detail:
Wie wollt ihr gewinnen? Müsst
ihr der Schnellste sein, die
meisten Punkte erzielen, die
Gegenstände treffen oder dürft
ihr sie nicht fallen lassen?

Beispiel: Wie kämpft man gegen
ein Blatt? Es könnte eine Art
Würfel sein mit zwei Seiten,
zwei Gesichtern: angriffslustig
und verängstigt. Bewaffnet euch
mit eurem Stift und schießt das
Blatt in die Luft: Fällt es mit dem
angriffslustigen Gesicht nach
oben, greift es euch an und ihr
verliert ein Leben. Landet es
mit dem verängstigten Gesicht
nach oben, ist es verwundbar
und ihr könnt ihm mit eurem
Stift einen Stoß versetzen:
Es verliert ein Leben.

4. DIE SPIELER

Die Geschichte steht, die
Gegenstände warten auf euch!
Aber wer ist »ihr«? Mit wem
spielt ihr? Sind die anderen
Spieler eure Mitspieler in einem
kooperativen Spiel oder eure
Gegner in einem kompetitiven
Spiel? Ihr könnt auch mehrere
Teams bilden, die miteinander
konkurrieren, oder allein spielen.

Beispiel: Ihr seid ganz allein?
Dann ist es Zeit für ein
Solospiel: Ihr gegen das Blatt!

Und jetzt seid ihr dran!
Wählt je nach Situation eine
Anzahl an Spielern und eine
Spielart: zu zweit miteinander,
zu zweit gegeneinander,
im Team oder allein.

Und jetzt seid ihr dran!
Welches Ziel habt ihr?
Prima, ihr habt gerade
euer erstes
Spiel erfunden! Und
jetzt: Ran ans
Ausprobieren ... Viel Spaß beim
Spielen!

BLICK HINTER DIE KULISSEN

ZERBROCHENE GEGENSTÄNDE WÄHREND DER TESTS: **12**

LACHKRÄMPFE: **50**

NEUGIERIG GEWORDENE NACHBARN WÄHREND UNSERER TESTS: **ALLE**

ZERRISSENE KLEIDUNGSSTÜCKE: **3**

NEUE FREUNDE NACH DEN SPIELEN: **16**

TIERE WÄHREND DER TESTS: **3 (EINE KATZE, HÜHNER UND EINE SCHILDKRÖTE)**

MISSGLÜCKTE UND LEBENSGEFÄHRLICHE SPIELE: **6**

GETESTETE SPIELE VOR AUSWAHL DER 52 IN DIESEM BUCH: **100**

VERSCHLUNGENE
ERDNÜSSE FÜR
DIE TESTS: **38**

METER SCHNUR
FÜR DIE TESTS: **8**

ANZAHL DER
IRRLÄUFE BEIM
NINJA-SPIEL: **2**

VERBRAUCHTE
ROLLEN TESA
FÜR DIE TESTS: **15**

MIT TESTEN
VERBRACHTE STUNDEN: **756**

NOCH MEHR SPIELE ZUM MITNEHMEN AUS UNSERER POCKET-KOLLEKTION!

HELVETIQ

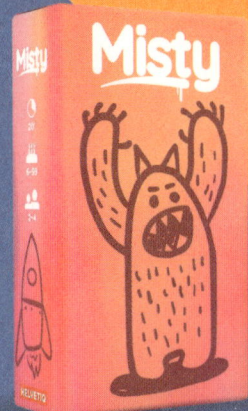

Werk veröffentlicht mit Unterstützung
der **Stadt Lausanne**

Ville de Lausanne
Service des bibliothèques
& archives

DAS KLEINE BUCH GEGEN GROSSE LANGEWEILE
Textes : **Noémie Tagan und Elyn**
Illustrationen: **Elyn**
Layout und Satz: **Chloé Vargoz**
Aus dem Französischen von: **Bianka Kraus**
Korrektorat: **Ulrike Ebenritter**

ISBN: 978-3-907293-13-3
Erste Auflage: **Juni 2021**
Hinterlegung eines Pflichtexemplars in der Schweiz: **Juni 2021**
Gedruckt in der Tschechischen Republik

© 2021 HELVETIQ (RedCut Sàrl)
Mittlere Strasse 4
CH 4056 Basel

Der Verlag HELVETIQ wird vom Bundesamt
für Kultur mit einem Strukturbeitrag
für die Jahre 2021–2025 unterstützt.

www.helvetiq.com